JN411618

상상 그 이상의 상상

서수경 디카시집

시와사람

서수경 디카시집

상상 그 이상의 상상

2024년 4월 20일 인쇄
2024년 4월 30일 발행

지은이 | 서 수 경
펴낸이 | 강 경 호
발행처 | 도서출판 시와사람
등 록 | 1994년 6월 10일 제 05-01-0155호
주 소 | 광주시 동구 양림로119번길 21-1(학동)
전 화 | (062)224-5319
E-mail | jcapoet@hanmail.net

ISBN 978-89-5665-720-2 03810

값 15,000원

· 잘못된 책은 구입하신 서점에서 바꾸어 드립니다.

공급처 ■ 한국출판협동조합
경기도 파주시 적성면 적성산단3로 10 (적성일반산업단지 내)
주문전화 (02)716-5616, 070-7119-1740

상상 그 이상의 상상

시인의 말

숨겨져 있는 세상을
동그란 렌즈의 눈으로 순간을 풀어 봅니다

상상 그 이상의 상상
너머를 꿈꾸며
작은 문장의 씨앗들을
화수분에 심어

발견과 성찰을 통해
생명의 숨을 불어 넣습니다

꽃비 내리는 날,

그 꽃의 생이 곱고 찬연했다 할 것입니다
찰칵!

2024. 봄.
서수경

상상 그 이상의 상상/ 차례

시인의 말 · 9

제1부 사랑

17 등불
19 개뿔
21 사랑의 포획꾼
23 엣지반지
25 설다방 꽃님이
27 연정
29 사랑의 불시착
31 응시
33 서로의 안부
35 등 돌린 마음
37 오매불망
39 그럼에도 불구하고
41 그리움
43 미련
45 오! 나의 태양

제2부 생명

돌발상황 49
속마음 51
점령군 53
엄마 꽃 55
배꼽시계 57
해탈 59
후회막급 61
진품 63
꽃받침 65
투쟁 67
실날 같은 봄풍경 69
만신창이 71
족집게 도사 73
외국인 근로자 75

제3부 발견

79 칠전팔기七顚八起
81 전병
83 상상 그 이상의 상상
85 회개
87 감시카메라
89 과유불급
91 방하착放下著
93 우격다짐
95 자위自慰
97 스타 박스
99 보이는 것은 전부가 아닙니다
101 성찰합니다
103 본질
105 사유思惟
107 하늘을 품은 꿈

제4부 성찰

자식 온 날 111

응답 113

긍께 말이야 115

유-턴 117

촛불시위 119

풍요로운 안식 121

자율 123

설상가상 125

타이어 BANK 127

잔소리 129

화석이 된 꿈 131

어떤 위로 133

중심中心 135

풍경 한 채 137

라때 139

세월의 속도 141

제1부

사랑

등불

산딸기 자매가
어둠을 딛고 서 있는 건
뒤를 봐!
남동생처럼 불끈 쥔 주먹 때문이야
척박한 땅속 길을 내는 고사리 같은 삶이여!

개뿔

남편 따라온 길
눈 오는 날은 잘 산다던데
머릿결에 하얀 눈만 내리고
홀로 남겨진 사랑
개뿔!

사랑의 포획꾼

실연 당하는 척 하는 것 뿐이야
숭숭 구멍 난 심장 한쪽 기워야 하거든
다음번에는 네 마음 가두려고
그물 던질 건데 기다려
Are you ready?

엣지반지

날 악세사리라
여기지 말아요
당신 심장에 박힌 보석꽃으로
반짝일래요
약속!

다방
다방

설다방 꽃님이

로미오 기다리는
줄리엣처럼
꼰지발 꽃으로 서 있는 너,
창밖에서 들리는 세레나데
행여나.....

연정

매혹에 취해 놓인 정신줄
탐하고 싶은 욕망은 허락도 없이
이미 선을 넘었네요
잠깐
꽃잠 자고 갈게요

사랑의 불시착

헛손질하고 있는 것 아니거든?
잡히기만 해 도망도 못 가게
휘리릭 칭칭 감아 버릴 테니까
집착보다도 더 무서운
너의 집념 이였어

응시

널 향한 마음
우주 한 바퀴 돌아도
다시 그 자리, 그때 그 자리

널 향한 마음 아무리 달아 봐도
늘 처음처럼

서로의 안부

똑똑똑, 할아버지 괜찮아요?
식사는요? 어깨는 좀 어때요? 혈압약은요?
에휴, 왠 담배는 그리 태우세요
잎마다 애타게 한마디씩 한다

"방충망 못 열어 너희들 다칠까 봐!"

등 돌린 마음

마주 보면 웃음 나고
함께라서 행복했어
언제부터 흔들렸던 거니?

흥. 칫. 뿡
그래도 예쁜 너

오매불망

봄은 물어 오지 않고
밤은 다시 찾아왔네
속을 다 태워 숯검정이 되었구나
봄, 너는
어디서 무엇하니?

그럼에도 불구하고

겨우 숨 쉬고 살아요
날 붙잡는 당신
차마 못 가요
날 버리지 못한 당신, 힘 낼게요
아직은 괜찮아요

그리움

모가지가 길어서 슬픈 짐승이여!*
따뜻한 그 날의 기억
입 꾹 다물었네

너를 기다리는 동안
동백꽃으로 불타오르네

*노천명 '사슴'에서 인용

미련

싹 쓸어 담을 수 있다면
하지만, 어쩌다 꼼짝없이 붙들려 있습니다
지금 보내기에는 가을 심장도
내 중심도 이렇게 뜨거운데
어림도 없습니다

····Say it with color & stripe.

오! 나의 태양

하늘에서 내려온 선물, 축복의 통로
현아! 너의 가는 길마다 꽃길로 행복하여라
영아! 네 생이 아름답고 존귀하기를....
심장에 박힌 두 개의 보석
"o sole mio"

제2부

생명

돌발상황

어쩌자고!
수도계량기 위에 올라앉은 거니?
그렇게 절박했던 거야?
너처럼 간절하면 어디든 뿌리 내리겠네
옹골찬 기백이 흐른다

속마음

레코드판 속에서 흘러나온
연둣빛 노래를 부르는 잎새의 뿌리들은 얼마나 많을까?
화석처럼 굳은 삶 속에서 아직 꺼내지 않은
노래들이 가슴속을 후비며
정지된 시간을 돌린다

점령군

이웃이라고 손 내밀었는데
스토킹처럼 끈질기게
공생 하자고 치근덕대더니
제 집인 양 눌러 앉았어

넌, 누구? 여기는 어디?

엄마 꽃

세월을 접어 주름살 늘었다
해마다 꽃 피고 지듯
아흔이 넘은 엄마 꽃 오그라들고 시들고 있다
망초꽃마다
좀 더 천천히 가시라 손 내민다

배꼽시계

하루 시작도
하루 마침도
기나긴 기다림도
한순간의 이별도
둘은 늘 하나처럼

해탈

100°c 뜨거움에 빠져서야 알겠네
놓고 비우고 힘을 빼면
곱게 번진 나만의
향기만 남는다는 것을…
고요한 찻잔 속의 가르침

후회막급

세상이 괜스레 궁금합니다
자유의지를 주장했지만 적당한 구속이
안전하다는 것을 깨닫습니다
입 댓발 나온 공범자들 눈시울만
붉어집니다

진품

살다 보면 진실이 희미해져
헷갈릴 때가 있다
변하지 않는 것은 유난히 반짝이는
것이 아니라 유일무이 존재 그 자체다
진짜가 나타났다

꽃받침

당신의 건재함을 시기하지 않습니다
나로 인해 꽃피운다고
교만하지도 않을겁니다
허구헌날 찾아오는 나비도 벌도 질투하지 않겠습니다
늘 떠 받들고 살겠습니다

투쟁

일조권을 보장하라
조망권을 보장하라
내 집 마련 꿈만 같다
부동산 투기 척결하라
행복할 권리 보장하라

실날 같은 봄풍경

밖에 나가고 싶다고
머리 먼저 내밀고
머리카락 빗겨 달래요
봄 마중 가야 한다고
살살 달래 주래요

만신창이

왜?

이렇게 까지 해야 했냐구!

이것들아!

같이 살자!

좀!

10
3
10
17

족집게 도사

당신의 껄쩍지근한 신경 선을
해결 해 드립니다
꽃처럼 앉아 그대들의 근심을
꼭 집어 명쾌하게 빼 드릴게요
아!~~

adidas

외국인 근로자

두고 온 그리운 고향도
구멍 난 그물 같은 가슴팍도 꿰맵니다
검정 우산 하얗게 색 바랄 때까지
새까맣게 타버린 당신의 심장에
그늘막 되어 드리겠습니다

제3부

발견

칠전팔기 七顚八起

살다보면 황당하게
뒤집혀 질 수 있다. 돌이킬 수 있다면
부끄러운 일이 아니다
아무 일 없었던 것처럼
다시 제 길을 갈 수만 있다면...

전병

속상한 하루였나요?
생각하면 별것도 아니네요
속 태우지 말고 발딱 뒤집어봐요
잘 익히는 과정은 기다림이죠
하쿠나마타타!

*하쿠나마타타: (스와힐리어) '잘 될거야' 라는 의미

상상 그 이상의 상상

바로 보고 누워 보고 물구나무서서 보고
거꾸로 보고 뒤집어 보고 쌓고 허물어 보고
확대해 보고 축소해 보고 안에서 보고 밖에서 보고
비틀어 보고 해체해 보고
고정관념을 깨는 벽 너머의 이야기

회개

셀 수도 없이 가시로 돋힌 말들
Input, output
나를 보호하는 가시로 태어났다 여기며
흉측한지도 몰랐습니다
꽃 피우기 위해 그만, 입을 다물겠습니다

감시카메라

불법 쓰레기 투척 적발시
과태료가 부과되오니
삼가주세요
드론 씨앗이 되어 샅샅이
실시간 CCTV 녹화 중입니다

과유불급

나를 단단히 붙잡는 건 고마워요
하지만, 옭아매는 건
집착이 되거든요
놓아야 오래 함께해요
떨어져 있어도 사랑입니다

방하착放下著

안으로 삭힌 시간들
불쑥 떠오른 아팠던 기억들
딱딱하게 굳어 버렸다
하심下心을 통해
빈 마음으로 거듭나고 싶다

우격다짐

누가 더 상처를
많이 받을까

내려다보는 쪽
올려다보는 쪽

용서하지 못한 쪽

자위 自慰

퍼렇게 멍들었다가
샛노랗게 질렸다가
속 태워 썩어 문들어졌다
단단한 향기가 뿜어나는 줄도 모르고
무던히도 비교하며 살았다

스타 박스

엄마의 자궁속은 우주의 한 부분
별 하나 반짝이고 있습니다
언젠가는 내가 또 품어야 할
그 자궁을 위해 태어나는 중입니다
스타 탄생을 꿈꾸며 말이지요

보이는 것은 전부가 아닙니다

색안경을 끼고 보면
세상은 그 색으로만 보여요
그 속에는 본질이 있어요
근본은 늘 감추어져 있지요
편견을 벗고 보세요

커피덕분에
행복합니다

성찰합니다

욕심 품다 극한 스트레스 없었나
가시 돋힌 말로 찌르지는 않았나
감사함을 내동댕이 치진 않았나
소소한 일상의 행복을 놓치고 살지는 않았나

두 손 다소곳하게 모아 봅니다

본질

헛것이 판치는 세상, 허깨비의 삶 같습니다
보이는 것 보이지 않는 것
사실과 진실의 오리무중 속 차창 밖의 풍경들은
이쪽의 경계를 허물지 못하고 분별의 눈, 통찰의 깊이는
우두커니가 됩니다

사유思惟

멀리 멀리서 왔구나
포기하기 쉬운 세상에,
생각 하나 바꾸면 순식간이지
회심하는 순간
세상이 활짝 열린다

하늘을 품은 꿈

토네이도 일으키는 발길질하며
천근만근 등짐 진 구만리 길
슬로우 슬로우 스텝 바이 스텝
최고를 꿈꾸지 않아
너의 꾸준함을 배우고 싶을 뿐이야

제4부

성찰

자식 온 날

찰방 찰방한 물, 집 나갈 때
허리굽은 쪼시개 날 선다
갯것으로 풍요롭다

오매! 해가 중천인데
얼렁 오니라!

응답

일용할 양식을 위해
기도의 손 들어 올렸다
믿음이 없어 반신반의 했는데
이게 웬 횡재람
할렐루야!

금샘탕
다 때가 있었다
목욕합니다
영업중

긍께 말이야

그 때가 생각나고
이 때도 어떻게 해야 하고
다가올 때도 만만치 않겠지
다 때가 있으니
때를 따라 일신一新해야 겠지

유-턴

편협하고 고정된 생각은 버려
이상理想을 좇는거야
온몸의 관절 꺾고 비틀어
Turn 합니다

촛불시위

무언의 함성 소리
혁명과 개혁을 꿈꾸는
광화문 광장의 소요騷擾
세상을 빛내리라
새날이 반드시 오리라!

풍요로운 안식

하루 고단함을
저울에 달면 얼마나 될까
널빤지 위에
천근만근인 몸을 지탱하는 찰라
부~~~~~~~~웅

자율

가두어 두겠다는 생각은 말아요
갇힐 내가 아니죠
살아 있다는 것은
꿈틀꿈틀 성장하는 것이죠
Why not?

설상가상

물구나무서서 허리 교정하다
목 디스크로 뒷덜미 잡았다
이런!
고추가 발기를 했네

TIRE BANK

타이어 BANK

은행에 저당 잡혀
돌려 막기 하느라 지친 하루가
누워있어

저렴한 이자에 대출도 가능하니
문의 바람

잔소리

생각해서 하는 말인지
알아요
무슨 말인지도 알겠어요

이제 그만! 거기까지

화석이 된 꿈

뜨거운 발짓 식을까
걸음에 걸음 더하여
고향을 향한 숨가쁨

종종걸음 가다 말다
파도 소리만 아득하네

어떤 위로

할퀸 자국 아팠겠네

속앓이로 파고든 아픔

말하지 그랬어

등 돌려봐

쓰다듬어 줄게

중심中心

'변심은 늘 있는 거야!'
변명은 하지 않는 것이 좋아
심중은 진득하고 무거워야 하는거지
흔들리면 끝장이야

우주의 집중으로.....

풍경 한 채

고단한 삶의 부리로
콕, 콕, 콕, 콕 내 집 아닌 비번을 누른다
남루한 허공일지라도 텅 빈 충만을 꿈꾸어 보는
저, 아찔한 풍경 한 채
내 집 비밀번호를 누르고 싶다

라때

너! 몇 살이야
나이를 따져 물었어
라때는 말이야! 왕년을 운운 하고
아재 개그에 배꼽 잡지
나를 꼰대라 하는 너는, 피 끓는 꼰대

30
단 속 중
Photo
enforcement
250m

세월의 속도

세월이 속수무책이라던
30대에는 30km도 빠르다 하시더니
구순 넘긴 어머니는 너무 느리다며
90km로 속도위반 하셨습니다
하늘 고지서 받을 때까지 250m 남았는데요